# El tiranosaurio

Lori Dittmer

CREATIVE EDUCATION
CREATIVE PAPERBACKS

semillas del saber

Publicado por Creative Education y Creative Paperbacks
P.O. Box 227, Mankato, Minnesota 56002
Creative Education y Creative Paperbacks son marcas
editoriales de The Creative Company
www.thecreativecompany.us

Diseño de Ellen Huber
Producción de Rachel Klimpel y Ciara Beitlich
Dirección de arte de Rita Marshall
Traducción de TRAVOD, www.travod.com

Fotografías de Alamy (Science Photo Library, Stocktrek Images, Inc.),
Corbis (Bettman), Dreamstime (leonello calvetti), Getty (DE AGOSTINI
PICTURE LIBRARY, Mark Stevenson/Stocktrek Images), iStock
(Grassetto, kutaytinar), Science Source (CLAUS LUNAU / SCIENCE
PHOTO LIBRARY), Shutterstock (Ton Bangkeaw, Catmando, Herschel
Hoffmeyer, SciePro, Warpaint)



Library of Congress Cataloging-in-Publication Data
Names: Dittmer, Lori, author.
Title: El tiranosaurio rex / Lori Dittmer ; traducción de TRAVOD.
Other titles: Tyrannosaurus rex. Spanish
Description: Mankato, Minnesota : Creative Education and Creative
Paperbacks, [2024] | Series: Seedlings | Includes index. | Audience:
Ages 4–7 | Audience: Grades K–1 | Summary: “A kindergarten-level
STEM introduction to the predatory dinosaur Tyrannosaurus rex (T.
rex), translated into North American Spanish. Covers the prehistoric
carnivore’s body structure, diet, and fossil remains and includes a
glossary and a labeled image guide to the extinct animal’s body
parts”— Provided by publisher.
Identifiers: LCCN 2022048633 (print) | LCCN 2022048634 (ebook) | ISBN
9781640267343 (library binding) | ISBN 9781682772935 (paperback) |
ISBN 9781640008991 (ebook)
Subjects: LCSH: Tyrannosaurus rex—Juvenile literature. | Dinosaurs—
Juvenile literature.
Classification: LCC QE862.S3 D58718 2024 (print) | LCC QE862.S3
(ebook) | DDC 567.912/9—dc23/eng/20221007

Impreso en China

## TABLA DE CONTENIDO

# ¡Hola, *tiranosaurio rex*!

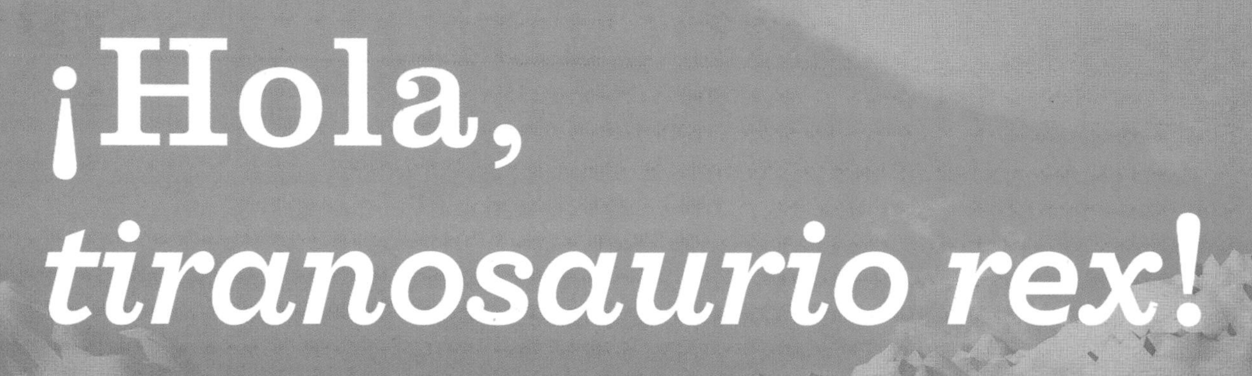

Este dinosaurio vivió hace mucho tiempo.

**En esa época, también vivían el *tricerátops* y el *anquilosaurio*.**

**En 1902, Barnum Brown encontró por primera vez fósiles de *tiranosaurio rex*.**

El nombre de este dinosaurio significa “rey lagarto tirano”.

**El *T. rex* caminaba en dos patas. Tenía más o menos la misma altura que dos refrigeradores.**

Sus brazos eran diminutos. Cada brazo tenía dos dedos.

Un cuello grueso sostenía su enorme cabeza. Tenía aproximadamente 60 dientes largos en su boca.

Cada diente afilado era tan grande como un plátano.

Diente de *T. rex*

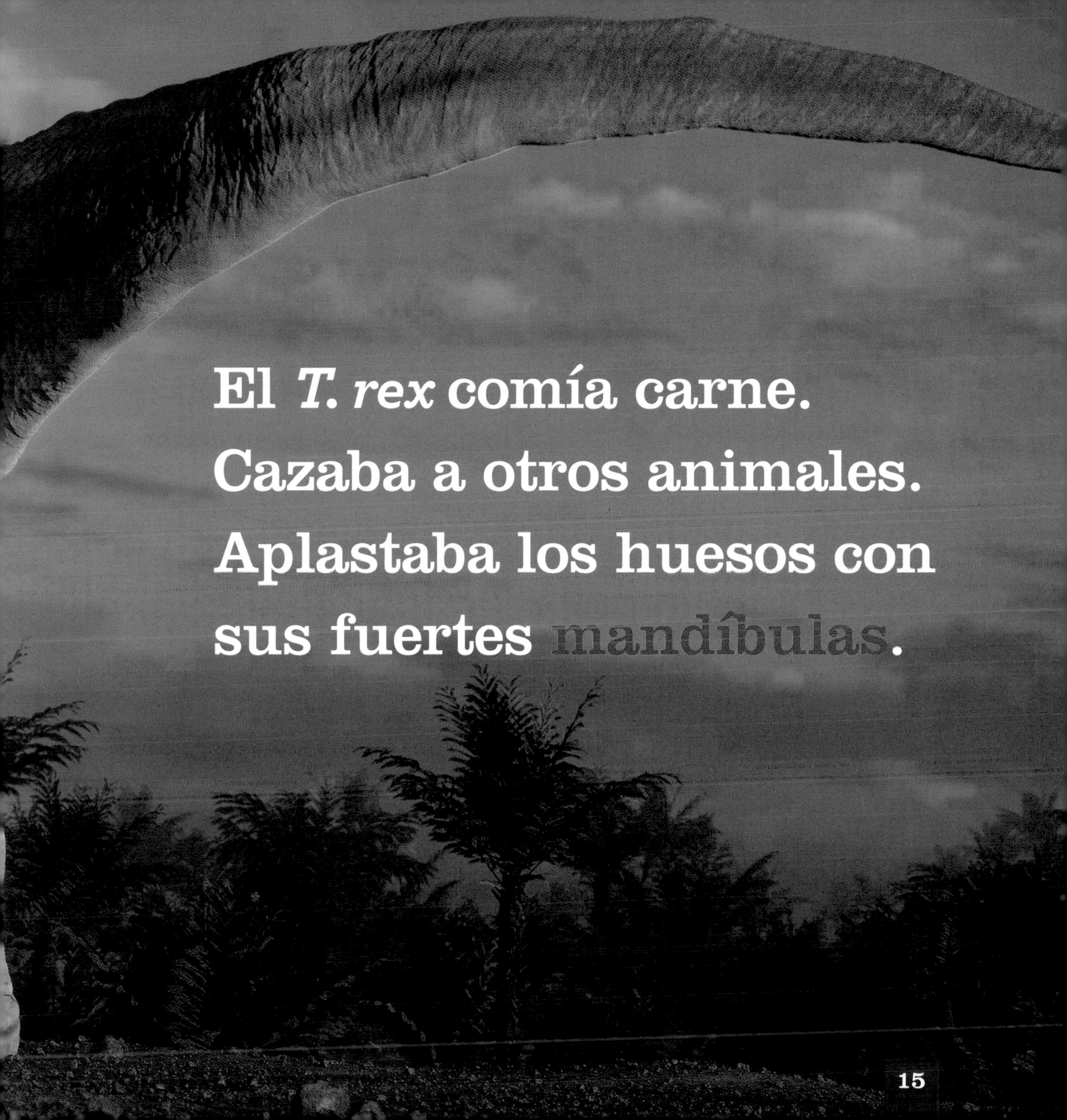

El *T. rex* comía carne. Cazaba a otros animales. Aplastaba los huesos con sus fuertes **mandíbulas**.

El *T. rex* olfateaba el aire.

Buscaba comida.

¡Siempre tenía hambre!

# ¡Adiós, *tiranosaurio rex*!

# Imagina un *tiranosaurio rex*

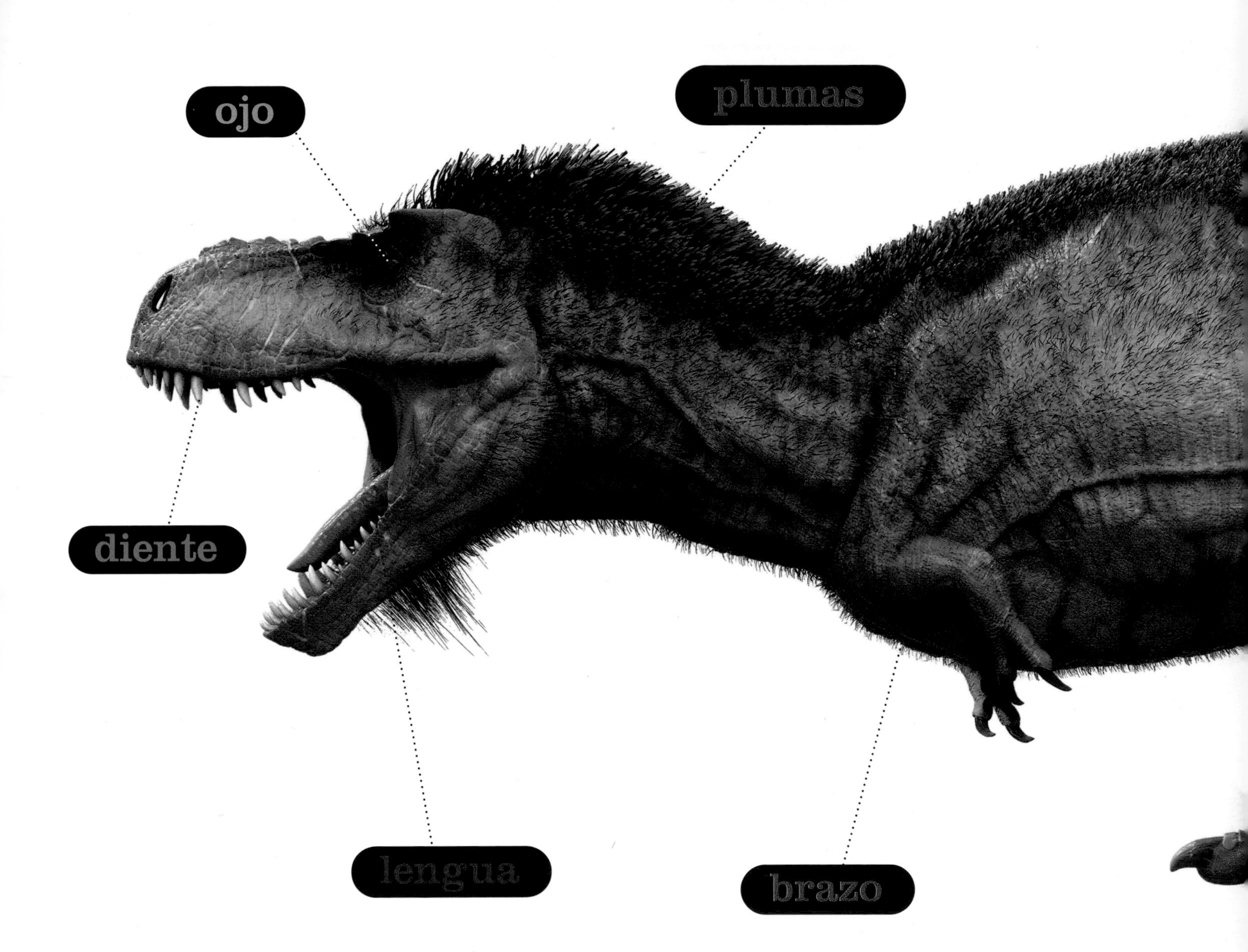

cola
pata
garra

## Palabras que debes conocer

**fósil:** el hueso o rastro de algún animal de hace mucho tiempo que puede encontrarse en algunas rocas

**mandíbula:** la parte de hueso de la boca que sostiene a los dientes

**tirano:** un gobernante cruel

# Índice